Tirso de Molina

Los balcones de Madrid II

Barcelona **2024**
Linkgua-ediciones.com

Créditos

Título original: Los balcones de Madrid II.

© 2024, Red ediciones S.L.

e-mail: info@Linkgua-ediciones.com

Diseño de cubierta: Michel Mallard.

ISBN tapa dura: 978-84-9953-850-1.
ISBN rústica: 978-84-9816-528-9.
ISBN ebook: 978-84-9953-783-2.

Sumario

Brevísima presentación

La vida

Tirso de Molina (Madrid, 1583-Almazán, Soria, 1648). España.

Se dice que era hijo bastardo del duque de Osuna, pero otros lo niegan. Se sabe poco de su vida hasta su ingreso como novicio en la Orden mercedaria, en 1600, y su profesión al año siguiente en Guadalajara. Parece que había escrito comedias y por entonces viajó por Galicia y Portugal. En 1614 sufrió su primer destierro de la corte por sus sátiras contra la nobleza. Dos años más tarde fue enviado a la Hispaniola (actual República Dominicana) y regresó en 1618. Su vocación artística y su actitud contraria a los cenáculos culteranos no facilitó sus relaciones con las autoridades. En 1625, el Concejo de Castilla lo amonestó por escribir comedias y le prohibió volver a hacerlo bajo amenaza de excomunión. Desde entonces solo escribió tres nuevas piezas y consagró el resto de su vida a las tareas de la orden.

Personajes

Don Alonso, viejo
Don Álvaro
Elisa, dama
Don Juan, caballero
Doña Ana, dama
Don Carlos, conde
Don Pedro, caballero
Leonor, criada
Coral, gracioso,
Convidados

Jornada primera

(Salen Elisa, con un papel en la mano, y Coral.)

Elisa   ¿Qué tantos extremos hizo
don Juan con la suerte y letra?
Coral, ¿qué tanto se holgó?

Coral   Háse holgado de manera
que es un holgazón de gustos,
y si en Burgos estuviera,
fundaran sus holgaduras
diez conventos de Las Huelgas.
De los versos que te escribe
saca tú, cual de madeja,
el hilo por el ovillo,
el mesón por la tableta.
Léele y verás que te paga
en décimas o espinelas
diezmo su amor sin ser cura,
alcabala sin que venda...
mas, quedo, que entran.

(Sale don Alonso.)

Alonso   Elisa,
propicio el año comienza.
Pues ha llegado a esta corte
el que mis años aumenta.
Ya habrá venido el criado
pues no le encontré a la puerta.
Mas, ¿qué buscáis aquí vos?

Coral (Aparte.)   (¡Concentainas y Palencias!)

9

Alonso	Hablad. ¿Qué buscáis? ¿Quién sois?
Coral (Aparte.)	(San Tiento asista en mi lengua.) Soy, señor, cierta persona...
(Aparte.)	(Persona, sí, mas no cierta porque nunca estoy en casa... ni persona, porque de éstas hay mucha falta en el mundo.) Destilo quintas esencias, limpio dientes, curo callos, hago moños, saco muelas. Llamóme desde el balcón una titular doncella... que afirman las hay de anillo... ¿Qué se le da de que mientan?
(Quiere irse.)	
Alonso	¿Qué es esto? Esperad, oíd.
Coral	Oidor es gran preeminencia; mas yo jamás he hojeado Parladorios ni Pandectas aunque hay letrados melones que escritos en las cortezas de vírgenes librerías, si los calan, son badeas.
Alonso (Aparte.)	(Este hombre es falto.) Esperad.
Coral	Quien espera desespera, y esperar sin esperanza

es propio de la ley vieja.

Alonso

¿Hay humor más peregrino?
¿Qué buscáis?

Coral

¿Yo? La escalera,
que se me vuelve invisible
y debe de ser parienta
de la de los ahorcados,
para la subida, cierta,
pero para la bajada,
franca tan solo al gurrea.

Alonso (Aparte.)

(El criado que envió
don Pedro a que me dijera
que estaba ya en esta corte
es, sin duda.) No os dé pena
que os halle yo ahora en casa,
cuando ha de ser dueño de ella
el señor a quien servís.

Coral

¿Mi señor?

Alonso

A su firmeza
está mi Elisa obligada
como yo a sus muchas prendas.
Ha venido a estancia mía
para que a su sombra tenga
nuevo valor nuestra casa.
Reconocíle aquí cerca,
dile con la bienvenida
los brazos, y luego quejas
por dilatarnos los gozos
que medramos con sus nuevas.

Excusóse con decirme:
«Un criado mío os queda
aguardando en vuestra casa;
que por no darla molestia,
sin prevención y de noche
quise, a pesar de la priesa
de mi amor, hasta mañana
añadirme un día de ausencia.»
Ya yo estuve con vuestro amo
y le di la enhorabuena,
viniendo pues de su parte
cuando albricias os esperan.
¿Qué temor os acobarda?

Coral (Aparte.) (Trocáronse las maletas
pues por otro me aplaudizan.
Transfórmome en el que piensan.)
Temí la venustidad
de esas canas circunspectas;
pero, pues hallan mis dichas
en su invierno primaveras,
besándote los coturnos
después de implorar tu venia
y darte críticas gracias,
iré a pesarme de cera,
puesto que ya mis calzones,
según mi olfato, le pesan.

(Vase.)

Alonso En tu silencio he notado,
Elisa, y en la tibieza
de tus ojos, cuán sin gusto
has recibido estas nuevas.

Pues, Elisa, ya mis años
necesitan de quien tenga
cuidado de ti y mi casa,
quien me alivie y te merezca.
Don Pedro es un mozo ilustre,
agradable su presencia;
conózcole y le conoces,
y tiene seis mil de renta.
Yo le tengo voluntad,
con que, quieras o no quieras,
te tiene de ver mañana,
y esotro han de quedar hechas,
sin falta, las escrituras,
o salir la noche mesma
en un coche de Madrid
para un convento de Lerma.

(Vase.)

Elisa   Todo mal no prevenido
es precursor del desmayo.
Mata repentino el rayo,
y si no, quita el sentido.
Instantáneo rayo ha sido,
don Juan, mi padre cruel;
mas privilégiame de él
mi firmeza inexpugnable;
que aunque a todos formidable,
no hiere el rayo al laurel.
    Cuando de mi amor discuerde
y me amenazan congojas,
no porque tiemblan las hojas
el laurel su verdor pierde.
Siempre firme, siempre verde

sus rigores me verán
y, si en perseguirme dan,
morir es total remedio;
que mi amor no admite medio
entre la muerte y don Juan.

(Vase [Elisa]. Salen el conde don Carlos y don Juan.)

Carlos   No vi noche más clara y agradable.
El diciembre se ha vuelto en mayo afable.

Juan   ¡Ay, Conde y señor mío!
Si Amor rapaz es todo desvarío,
y como niño estima
juguetes con que más su fuego anima,
un favor, un juguete,
venturas esta noche me promete
que alegren mi tristeza
si del modo que acaba el año, empieza.

Carlos   Dejad estilos graves,
pues los de la amistad son más suaves;
que siendo vos mi amigo,
éste es, solo, el blasón a que os obligo.
Aunque tan recatado
anda de mi amistad vuestro cuidado,
y en él tan poco os debo
que llamaros amigo no me atrevo.

Juan   Creed que si fiárosle rehuso,
no es por dudar de vos; mas porque el uso,
que yo frecuento poco,
no ha de juzgarme amante pero loco.
Oíd filosofías

de un peregrino amor que ha muchos días
que siéndole obediente
en mí es naturaleza, no accidente;
pero con presupuesto
que no ha de seros, Conde, manifiesto
el nombre de la dama;
que me ha juramentado, y de mi llama
tanto el secreto estima,
que hasta en los ojos su secreto intima.

Carlos   Decid, que os yo prometo
que por mí no peligre este secreto.

Juan   Yo, con Carlos, adoro
la perla más que al nácar, más que al oro;
el diamante que engasta
la forma, más que a su materia basta.
Quiero decir con esto
que adoro a un alma con amor honesto,
tan libre de apetito,
que aun el pensarlo juzgo por delito.

Carlos   Las gracias de un valiente entendimiento
enamoran tal vez al pensamiento;
mas si él solo os recrea,
la dama que encubrís será tan fea
que el apetito os tasa
y amando al dueño perdonáis la casa.
¿De qué sirven los ojos
si estímulo no son de sus despojos?
¿Tenéisla por hermosa?

Juan   Sol de los cielos es, del mayo rosa,
y con ser como os pinto,

mi amor del ordinario es tan distinto
que puesto que mi vista
se deleite de paso y no la asista,
sin detenerse en sus despojos bellos,
viriles son los ojos y por ellos
adoro al huésped; que en tan noble casa
mi voluntad honestamente abrasa.

Carlos   Bien dicen que es locura
amor; que en cada cual mostrar procura
el modo en que se extrema.
Mas, don Juan, cada loco con su tema.
Que yo no me acomodo
a amar la parte a solas sin a todo;
mas ¿vivís satisfecho
que os corresponde con lealtad su pecho?

Juan   Estoy cierto que vivo
sin competencia en él, y que recibo
favores, bien que honestos,
al yugo alegre del Amor dispuestos.
Y porque no os dé enfado
el presumirme necio confiado,
advertid que no ha un hora
que echando suertes, fue mi protectora
Fortuna de manera
que me cupo mi dama, y que me espera
por esto tan gustosa
que el parabién se ha dado de mi esposa.
Oíd el epigrama
con que la suerte a su favor me llama:

(Saca un papel don Juan y léele.)

16

«Tendrásle de celos loco;
mas vencerá tu firmeza,
que en premio de tal belleza
nunca mucho costó poco.»

¡Este me ensoberbece! ¡Esto me escribe!

Carlos   ¡Qué de engaños, don Juan, os apercibe
la propia confianza!
El mar y la mujer, todo es mudanza.
Ese favor, testigo
del gozo con que os veo, esa fineza
sorteada por vos fue sutileza
de un ingenio doblado que conmigo
como con vos procura,
siendo arte, persuadirnos que es ventura.
Antes que yo os hallara,
vino su confidente en busca mía,
y antes que pronunciara
las nuevas que entre engaños me traía,
disfrazando intereses en caricias,
me condenan en costas sus albricias.
Oíd la letra agora
común de dos, de quien os enamora:

(El conde Carlos refiere de memoria la misma letra que leyó don Juan.)

«Tendrásle de celos loco,
mas vencerá tu firmeza,
que en premio de tal belleza
nunca mucho costó poco.»

Juan   Pues, ésa, ¿no es la misma que yo os dije
que acaba de enviarme?

Carlos	Ésta os dirige
	y ésta me remitió, porque hay ya versos
	que sirven a propósitos diversos.

Juan	A tanta costa mía
	venció vuestra probanza mi porfía.
	¡Que si mi muerte instantes se dilata
	ni el basilisco mata,
	ni el rayo es homicida,
	ni el áspid salteador de nuestra vida!

(Vase don Juan.)

Carlos	Envidia tengo a este hombre.
	Curioso, deseo ver esta hermosura,
	esta exageración, esta pintura,
	esta mujer sin nombre
	que finjo que me quiere y que la adoro.
	La letra y suerte repetí de coro
	que le usurpó mi envidia de los labios
	celosos sin noticia mis agravios
	registraré advertido
	sus pasos, sus acciones, su sentido,
	hasta saber si son ponderaciones
	o verdades en ella perfecciones.

(Salen Elisa y Leonor, en el balcón.)

| Elisa | Mira si pasa don Juan. |

| Leonor | ¿Querrásle arrojar las suertes |
| | de los santos y la dama? |

Elisa	¿Para qué, si ya las tiene?
	¡Ay, Leonor! Las que mi padre
	violenta mi amor remedie;
	pues si don Juan las ignora,
	creerá, cuando no aproveche,
	que le agravian mis mudanzas
	y es mi padre quien le ofende.
Leonor	Pared en medio a tu prima
	tenemos. Si nos oyese
	desde ese balcón vecino,
	lo que sospechó aparente
	la abrasará certidumbre.
Elisa	Escribíle que viniese
	a remediar con industrias
	peligros. Poco le deben
	mis finezas.
Leonor	No lo sabe,
	ni hay sosiego que desvelen
	seguridades de amor,
	cuando ignora inconvenientes.
	A tener competidor
	tu don Juan...
Elisa	¿Pues no le tiene?
Leonor	Y tú un padre que no sufre
	inobediencias rebeldes.

(Sale doña Ana al otro balcón.)

| Ana (Aparte.) | (¡Miren si salió adivina |

mi sospecha! Ni la ofenden
inclemencias de la noche,
ni testigos que revelen
desaires patrocinados
de un balcón su confidente.
Quiero escuchar a mi prima;
que ya los celos me ofenden.)

Leonor

En la conseja está el lobo.
Doña Ana ha salido. Vete.
No ocasiones pesadumbres.

Elisa

Como tú a don Juan esperes,
y le digas lo que pasa,
lo cuidadoso que excede
a cuantos has aquí amaron.

(Vase Elisa.)

Leonor

Harélo; mas si me tiene
el Amor por doble espía
y doña Ana por su agente,
¿quién me obliga a defraudarla
sazones que el gusto teje?
Éste es don Juan; yo neutral,
los dejo. Viva quien vence.

(Vase Leonor. Salen don Juan y Coral.)

Coral

Todo lo que te he contado
con su padre me pasó.

Juan

En fin, ¿don Pedro llegó?

Coral	Y dicen que está hospedado
	en esa casa que ves.
	Y conoces, pues su dueño
	tanto te ama.
Juan	Si no es sueño,
	yo estoy loco.
Coral	El interés
	del esposo de futuro
	al viejo está dando prisa.
Juan	¿Y estaba delante Elisa?
Coral	Tan bañado el candor puro
	del crítico rosicler
	que estas nuevas la feriaron;
	que aun no se disimularon
	viéndome allí.
Juan	¡Al fin mujer!
	¡Ah, cielos!
Coral	Ya habrá su olvido
	clamoreado por ti.
	Mas doña Ana vive aquí.
	Vuelve a casa, pan perdido.
	Ama a quien te corresponde;
	que Elisa en sustancia y modos
	es libro de Para todos,
	de ti, don Pedro y del conde.

(Salen Elisa y Leonor al balcón.)

Elisa	Yo le he sentido en la calle.
	Mi padre duerme seguro.
	Si remedios no apresuro
	perderéle.
Leonor	Llega a hablalle
	y date prisa.
Elisa	¿Ay, Leonor!
	Por doña Ana no me atrevo.
Ana (Aparte.)	(Aquí es don Juan. No es nuevo,
	puesto que lo sea el Amor
	que en mi ingrata prima muda,
	hallarle aquí la mañana
	todos los días.)
Elisa	Doña Ana,
	hasta aquí celosa en duda,
	si hablando con él agora
	me viese, confirmará
	malicias.
Leonor	Mejor será
	que te retires, señora;
	pues si tu padre despierta
	y nos coge en el balcón,
	ya sabes su condición.
Elisa	¡Ay, desdichas, que voy muerta!
	Darásle mañana aviso
	del mal que, pared en medio,
	si Amor no busca remedio
	nos asaltó de improviso.

Leonor   Harélo.

Elisa   ¡Qué eterno plazo
                        para quien muere de prisa!

(Retíranse del balcón Elisa y Leonor.)

Juan   ¿Entróse?

Coral   Entróse la Elisa
                        y pegónos ventanazo.

Juan   Pero yo en su busca...

Coral   ¿Estás loco?

([Don Juan] quiere entrar en la casa y detiénele Coral.)

Juan   He de saber si se dan
                        premios...

Ana   ¡Ah, señor don Juan!
                        Puesto que me debáis poco,
                          por el huésped que aposenta
                        mi casa, y de vuestro amor
                        es dichoso usurpador,
                        que esperanzas os violenta;
                          por lo bien que os he querido;
                        por lo mal que habéis pagado
                        finezas de mi cuidado,
                        retornos de vuestro olvido;
                          si los desengaños curan
                        quisiera en vuestros desvelos

ser médico.

([Coral] habla aparte a su amo.)

Coral Dala celos
a Elisa; que estos apuran
   mudanzas convalecientes.
Finge que a doña Ana adoras
que industrias competidoras
son torcedores valientes.
   Pene, rabie, muerda el ajo.

Ana ¿Tan enajenado estáis,
señor don Juan, que faltáis,
hasta en esto os aventajo,
   a obligaciones corteses
pues aun no me respondéis?

Juan En parte acertado habéis
pero no es los intereses
   que a este sitio me han traído
si vuestro enojo imagina
que son por vuestra vecina;
porque, en fe de haber perdido
   por culpa mía el favor
que le debí a vuestro agrado,
al paso que escarmentado
vuelve corrido mi amor.
   Ni tiene lengua mi culpa
ni es justo que la pretenda,
si asegura más la enmienda
quien callando se disculpa.
   Amor que ignora el desdén
ciego y niño, como tal

muchas veces se halla mal
en donde le tratan bien.

Ana   Niño que da pesadumbres
y regalado se va,
¿quién nos le asegurará
vuelto con malas costumbres?
    Mucho hay en él que temer;
que es compasión peligrosa
el veros, aunque piadosa,
amarme a más no poder.
    Pero en fin, culpas primeras
en rapaces, dignas son
por esta vez, de perdón.
Volviendo pues a las veras,
    ya sabréis que es huésped mío
don Pedro, el que ha de ser dueño
de mi prima. Éste es empeño
de don Alonso mi tío,
    y gusto también de Elisa,
que, aficionada por fama,
de Talavera le llama
y por escrito le avisa
    lo que con ella han podido
noticias que de él la dan.
Prométoos, señor don Juan,
que vuestro agravio he reñido.
    Resuelta, en fin, me responde
que a su padre agradar trata.

Juan   ¡Es tan mudable esa ingrata!
¡Con don Pedro, con el conde!
(Hace que se va.)   ¡Conmigo, con vos! ¡Ah, cielos!
¡Ah, agravios! ¿Cómo no entráis?

¿Cómo...?

Ana	Don Juan, ¿dónde vais?
	¡Vos en mi presencia celos!
	¿Y os blasonáis de enmendado?

([Coral] habla aparte a su amo.)

Coral	Di nones a la garrucha.
	¡Cuerpo de Dios! Que te escucha
	doña Belerma y la has dado
	cuerda con tu sentimiento.
	Pide a doña Ana perdón;
	más cebolla al salpicón,
	más vinagre, más pimiento.

| Ana | ¡Poco mi presencia os debe! |
| | No, don Juan, andad con Dios. |

(Hace que se va.)

Juan	¡Señora, señora! A vos
	que sois mi dueño, se atreve
	esta calentura loca.
	Que, porque agravios olvide
	en fe que ya se despide,
	salió su fuego a la boca.

Coral	Ya está para vos barrida,
	desembarazada ya.
	La lengua dijo: «¡Agua va!».
	Jugó a salga la parida.

| Juan | ¡Quedo, necio! Mejoró |

mi amor en vos de deseos.

(Salen Elisa, al balcón, y después Leonor.)

Elisa   Don Juan, don Juan, recogeos.
                      Ea, que os lo mando yo.

(Vase.)

Coral (Aparte.)   (¡Oigan allí qué «Yo el Rey»!)
                      No te des por entendido.
                      Prosigue.

Juan   Ya he conocido
                      la fe, la lealtad, la ley
                        que en vos perdí por ser loco.
                      Fénix sois única y rara.
                      El bien que no se compara
                      con otro se tiene en poco.
                        Si la fe que manifiesto
                      vuestro enojos no ablanda.

(Vuelve a salir Elisa.)

Elisa   Don Juan, ¿sabéis quién os manda
                      que despejéis ese puesto?

(Asomándose [Leonor].)

Leonor   Que estás en riego notable
                      y es todo oídos mi señor.

Elisa   ¿Qué riesgo? ¿Qué mal mayor?

Leonor	Ven.
Elisa	¡Para ésta, don mudable!

(Vanse del balcón Elisa y Leonor.)

Juan	¿Fuéronse?
Coral	Dadas a perros.
Juan	Adiós, doña Ana.
Ana	Esperad.
Juan	Celos son temeridad, que abrasada, hace estos yerros. Yo no os quiero, yo no os amo. Yo, doña Ana, adoro a Elisa.

(Vase.)

Ana	¡Coral, Coral!
Coral	Voy de prisa.
Ana	¿No le llamas?
Coral	No le llamo.
Ana	¡Ah, cielos! ¡Ah, industrias vanas! ¡Ah, Amor! ¡Locura y no Dios!

(Vase.)

Coral	Echaos del balcón las dos.
	Irán rocín y manzanas.

(Vase. Salen Elisa y Leonor a la puerta de su casa.)

Elisa	Déjame, Leonor, que aquí
	no hay riesgo cuando nos halle.
Leonor	¿No? ¿En el zaguán de la calle?
Elisa	¡Ay, estoy fuera de mí!
	Mira si habla todavía
	don Juan con esa mujer.
Leonor	Vuélvete tú a recoger
	y corra por cuenta mía
	el reducirle a tu amor.
Elisa	Si tú salieses con eso...
Leonor	Celos le alteran el seso.
	Halla casi poseedor
	de tu belleza y tu casa
	a un hombre recién venido.
	Piensa que tú le has traído.
	¿Qué mucho, pues, si se abrasa?
	Desengañaréle yo.
Elisa	Sospecho que se fue.
Leonor	¿Qué importa? Su casa sé.
	Ya el alba se esperezó;
	presto asomará despierto.
	Con ella amanecerá

tu esperanza. Vete ya,
y confíame esta puerta.

Elisa
　　　Leonor, si me le reduces,
redimiste mis desvelos.

Leonor
Los crepúsculos y celos
andan siempre entre dos luces.
　　Saldrá el Sol que los alumbre
si es Sol bello el desengaño.

Elisa
Voyme pues.

(Vase.)

Leonor
　　　¡Año, buen año!
Enredar es mi costumbre.
　　Con el año que hoy comienza
embustes he de empezar.
¿Qué no sepa desatar
la más hembra sutileza?

(Salen don Juan y Coral.)

Coral
　　　Pues, ¿a qué diablos volvemos
a andar otra vez la noria?
¿Hoy dormimos de memoria?

Juan
Más impacientes extremos
　　me sacan fuera de mí.
Aquí se encendió mi fuego,
aquí perdí mi sosiego,
y vuelvo a buscarle aquí.

Leonor	Señor don Juan, dos razones por despedida, no más.
Juan	¡Oh mi Leonor! Si tú estás de por medio, mis pasiones ya se me vuelven en gozos.

Leonor	Mensajero soy, no tengo
	la culpa. De parte vengo
	de mi señora. Los mozos,
	   como vuesasted, mudables,
	con brevedad se consuelan
	de agravios que los desvelan,
	pues no hay celos incurables.
	   Dícele pues mi señora
	que en fe de que no merece
	a vuesasted, y obedece
	a su padre, que está agora
	   resuelto en darnos marido,
	y esta mañana han de ser
	las vistas, pretende ver
	finezas de bien nacido
	   en vuesamested, echando
	tierra a pasados favores;
	pues, no siendo más que flores,
	ellas se irán marchitando;
	   que le asegura que está
	notablemente prendada
	de la presencia aliñada
	de quien la mano le da.
	   Ella, en fin, dice que es justo
	ser a su viejo obediente
	y más, viendo que al presente
	preceptos añade al gusto;

que le suplica y conjura
con todo encarecimiento
no desazone el contento
que la ofrece esta ventura;
   que doña Ana tiene acción
a su antigua voluntad,
hechizos en su beldad,
picante en su discreción;
   que no la haga mal casada,
y que desde hoy más, adiós,
don Juan, porque para vos
ésta es la puerta cerrada.

(Vase y cierra.)

Coral   Dice y hace. Echó la aldaba.

Juan   Este desengaño ha sido
Santelmo de mi sentido.
¡Qué derrotado que andaba!
   ¡Plegue a Dios, si más pisare
estas piedras, si pusiere
aquí los pies, si la viere,
si más de ella me acordare,
   que un rayo...! Ya tengo vida.
Celos son mal cirujano
porque curan sobre sano
y respiran por la herida.

(Vanse [Coral y don Juan. Salen Elisa y Leonor] abriendo la puerta de la calle.)

Leonor   ¿No nos oíste?

Elisa   No pude

porque estaba algo distante.

Leonor
Pues, señora, nuestro amante
a obligaciones acude;
    que por primeras estima.
No hay poderle convertir.
Agora le vi salir
de visitar a tu prima.
    Persuadíle; pero en vano
a tus finezas le obligo,
porque dice que es amigo
de don Pedro y que la mano
    delante de él ofreció
a doña Ana; que obedezcas
a tu padre y apetezcas
dueño que el cielo te dio;
    que fue una efímera loca
su amor y, sin aguardarme,
me dejó, por no escucharme,
con la palabra en la boca.

(Salen don Juan y Coral, muy alborotados.)

Coral
¿Otra visita a este sitio?

Juan
Morir quiero por matar.
Hoy veremos si a firmezas
es razón...

Coral
¿Adónde vas?

Juan
¿No te digo que a morir
por dar muerte?

Coral	No has de entrar.
Juan	¿Tú me impides? ¡Vive el cielo...!
Coral	Vivió, vive y vivirá.
Juan	¿Quieres que la daga saque?
Coral	Llamaránte irregular.
Juan	Apártate, no ocasiones...
Coral	Tú las ocasiones das.

(A Elisa.)

Juan	Bésoos, señora, la mano.
Elisa	¡Jesús, señor! ¿Aquí estáis? Suspensiones cuidadosas, hijas de una novedad, me excusan no haberos visto.
Juan	Como es dueño principal de los sentidos el alma, y en ella aposesionáis al dichoso que os merece, ¿quién duda que os llevará para darle la obediencia la vista que me negáis? Yo, también, interesado en vuestra felicidad por vecino y por pariente... Si este título extrañáis,

34

	por doña Ana vendré a serlo
	en grado de afinidad.
	Vengo todo parabienes
	de esperanzas que veáis
	brevemente posesiones
	y éstas duren siempre en paz
	siglos que juzguéis instantes.

Elisa   En ellos, señor don Juan,
eternicéis con mi prima
tan cuerda conformidad;
que yo, mil veces dichosa,
con el deudo que me dais
el parabién os retorno.

Coral (Aparte.)   (¡Con salsa de para mal!)

Juan   Vengo a veros demás de esto
porque os quisiera excusar
lástimas impertinentes
que es fuerza que me tengáis.
¿Juzgaréis que permanezcan
cenizas, para señal
de incendios que recién muertos
palpitando agora están?
Pues no, Elisa, no por esto
las sazones impidáis
que os ofrece Talavera;
que no lo son con azar.
Mi libertad despedida,
ya de veras libertad,
para volverse a su centro
me anduvo anoche a buscar.
Encontróla vuestra prima

y, como la voluntad
de criados que son fieles
suele reliquias dejar
de afición en sus señores,
fue fácil en su piedad
que olvidando sentimientos
se volviese a acomodar.
No ha mejorado de dueño;
pero tan contenta está
que si os faltasen los gustos,
os los pudiera feriar.

Elisa   Tenéis vos tan movediza
el alma que vida os da
que en dos días se envejece
violentada en un lugar.
Quien dueños a meses muda,
por más que sirva, no hará
palacios con azulejos.

Coral (Aparte.)   (Acoto con el refrán.)

Elisa   No os tengo lástima a vos,
pues siendo la liviandad
tan propia cosecha vuestra
seguís vuestro natural.
A doña Ana, sí, y no poca,
que podrá con vos juntar
al pésame de perderos
los plácemes que la dan
segunda vez de adquiriros;
porque en vos tan cerca está
en materia de firmezas
el salir como el entrar.

Juan
¿Quisiéredes vos agora,
contra la serenidad
y quietud de mis afectos
que vos infiernos juzgáis,
que ofendida mi paciencia
soltara todo el raudal
de amenazas y locuras
que acostumbran fulminar
los agravios y los celos
que me empiezan a matar?
Pues, creedme, a fe de libre,
que a poder vos registrar
lo que pasa acá en mi pecho
donde ni estaréis ni estáis,
os partiéredes corrida
porque no se juzga ya
si a amantes no desespera
por valiente una beldad.

Elisa
Por vida vuestra que os creo;
aunque el ver cuál madrugáis
a alegar satisfacciones
me ha dado qué sospechar.
¿Qué sería, si así fuese?
Que ya yo vi rotular
libros en el pergamino
que siendo de humanidad
pasan plaza de devotos
profanando su disfraz.

Juan
Pues hagamos una cosa
vos y yo, porque creáis
cuan preservado me tienen

escarmientos de ese mal.
Yo quedaré por perjuro
sin palabra, sin verdad
sin estima, sin nobleza
como vos lo propio hagáis.
¿Qué respondéis?

Elisa   Que seré
en eso tan puntual
como en pediros agora
que me dejéis y que os vais.
Y para que echéis de ver
con cuanta conformidad
estamos los dos en eso,
añado una cosa más
que os desengañe del todo.

Juan   ¿Y es la cosa?

Elisa   Que os sirváis
de que yo madrina sea
de doña Ana.

Juan   Será igual,
Elisa, mi desempeño,
si me permitís honrar
siendo yo vuestro padrino.

Elisa   ¡Jesús! Con esto estarán
cabales todas mis dichas.

Coral (Aparte.)   (¡Fuego de Dios cuál se están
abrasando unos con otros!
¿Mas, que para en tempestad?)

Juan	En fin, ¿estamos conformes los dos en esto?
Elisa	¡Y qué tal!
Juan	Quien primero se acordare del otro...
Elisa	...merecerá descréditos de perjuro.
Juan	Mucho haréis si lo juráis.
Elisa	¿Yo? ¡Por vida de don Pedro! ¿Pretenderéis vos vengar jurando la de mi prima? ¿Que todo vuestro caudal se ha cifrado en ese juro?
Juan	Eso os debe de abrasar; mas la vida de don Pedro no es cosa en que mucho os va.
Elisa	¿No? ¿Habiendo de ser mi esposo?
Juan	Hasta agora libre estáis. Yo sé que vuestra alma esconde otro que os importa más. Jurad por él y os creeré.
Elisa	¿Y es?
Juan	Por vida de don Juan.

Elisa	¡Jesús! ¡Qué gran desatino!
	No me acordaba de él ya.
	¿Vos no veis si por él juro,
	que habiéndole de nombrar
	pierdo con vos el apuesta?
	Dios le perdone.
Juan	Jurad
	por vida de todo aquello
	que más queréis y estimáis.
Elisa	Don Pedro viene a ser ése.
Juan	Si es don Pedro, ¿qué se os da?
Elisa	¿Para qué he de repetirlo?
Juan	¡Qué engañosa que rehusáis!
	Jurad por vida de Carlos.
Elisa	¿Qué Carlos? ¿El de Roldán,
	o el español Carlos Quinto?
Juan	Negad, Elisa, negad
	un conde que en vuestras suertes
	sirvió de encuentro y azar
	para encumbrarse en mis dichas
	hallándose tan capaz
	en vos el alma que a un tiempo
	tres en ella aposentáis:
	a don Pedro, a mí, y al conde
	y entre ellos mi libertad
	más que todos infelice,

porque os supo querer más.

Elisa   ¿Qué Carlos? ¿Qué conde es éste?
¿Qué azares? ¿Qué encuentro? ¿Estáis,
don Juan, en vuestro juicio?
Descaminos enfrenad
o ¡vive el cielo...!

Juan   Sentís
aprietos de la verdad;
que en fe, mudable, de serlo
se tienen de rubricar
con mi sangre.

Elisa   ¿A la daguita
la mano? ¡Oh, qué singular
paso para una comedia
de las de veinte años ha!

Leonor   Tu padre, prima y don Pedro
entran a verte.

Elisa   Don Juan,
yo te quiero, yo te estimo,
yo te adoro. Cesan ya
burlas que abrasan de veras.
Paren enojos en paz.
Éntrate en ese aposento
y en él oculto, serás
testigo de las finezas
de un amor por ti inmortal.
Escóndete hasta su tiempo.

Juan   Un siglo un hora será.

¿Si te casas? ¿Si me olvidas?

Elisa

Por la hermosa claridad
del Sol, padre de las gentes,
por la vida que me das
viéndote amante y con celos,
y por ti, que es mucho más.
¡O morir o ser tu esposa!

Leonor

¡Que entran, señores!

Elisa

Don Juan,
si doña Ana te me usurpa,
¿qué he de hacer?

Juan

¿Cómo podrá
contra el Sol la oscura noche
resplandores alegar?

Elisa

¿Entras?

Juan

Entro con la fe
de tu palabra.

(Vanse.)

Coral

¿No habrá,
Leonor, para mí un candil?
Que a escuras he de maullar
como gato entre dos puertas.

Leonor

No hay gota en él.

Coral

Pues serás

virgen loca si no hay gota.

Leonor   ¿Y tú?

Coral   ¿Yo? Gotacoral.

                      Fin de la primera jornada

Jornada segunda

(Salen el conde Carlos y Leonor.)

Carlos   Tengo un poco que deciros.

Leonor   ¿Vos a mí? Viniera bien,
si yo fuera Inés, aquello
de «un poco te quiero, Inés».

Carlos   Decís verdad; mas no sufre
la prisa con que me veis
el remate de la copla,
«yo te lo diré después»
porque si esta ocasión pierdo,
la esperanza perderé
que en vuestro favor estriba.

Leonor   Terrible tiempo escogéis,
mi señor. Es esa sala,
que divide esta pared,
con su hija y con don Pedro,
hoy su yerno, ausente ayer,
conciertan las escrituras.
Y están presentes con él
su sobrina, y de ambas partes
deudos que han venido a ser
testigos de nuestras bodas.
Pues la hora… ya lo veis.
Las doce el reloj ha dado
y vinieron a las diez.

(Échale el conde Carlos en la manga un bolsillo.)

¡Ay! ¿Qué es esto que en la manga
suena?

Carlos   No os alborotéis
que aunque pesan, no son cantos
que os descalabren.

Leonor   ¿Pues, qué?

Carlos   Unos pocos de doblones
para que facilitéis
deseos; que cumple a damas
la calle del interés.

Leonor   ¿En el siglo de vellón
doblones? Vos entraréis
mejor, si ansí granizáis,
que el planeta genovés.
Baldada me habéis cogido
del manjar que siempre fue,
cuando se hace el Amor hombre,
codillo de la mujer.
Parecéisme un pino de oro
pues fruto de oro ofrecéis,
y ellos, en fe de difuntos,
cada cual será un ciprés.
¿Amáis a Elisa o a doña Ana?

Carlos   Antes que noticia os dé
de mi amor, que en vos consiste,
deciros quién soy es bien.
¿Conocéis al Conde Carlos?

Leonor   Conde Claros sois? ¿Tendréis

                        como las obras el nombre
                        porque no puede ofrecer
                        doblones, estrellas de oro,
                        sino un cielo cuando esté
                        claro como un Conde Claros.
                        Ya yo he oído encarecer
                        a un don Carlos, señoría
                        nuestro vecino, de quien
                        dicen que si el nombre es César,
                        que en el obligar es rey.

Carlos   Yo sacaré verdadera
                        con vos esa fama. Haced
                        mis partes, y si se logran,
                        Leonor mía, no cuidéis
                        de vuestro dote y ventura.

Leonor   Bésoos la[s] mano[s] y pie[s],
                        que atada de ellas y de ellos
                        vuestra esclava soy.

Carlos   Oíd, pues.
                        Exageróme un amigo
                        que tengo y vos conocéis
                        con tanto extremo esta noche
                        la dama a quien quiere bien.
                        Tanto encareció sus partes,
                        tan suspenso le escuché,
                        tan ponderativo anduvo,
                        tan curioso yo con él
                        que ausentándose de mí
                        sin dármela a conocer,
                        en su retrato mi envidia
                        pienso que puso el pincel.

Como de la novedad
hija la admiración es,
y ésta madre del deseo,
¡juzgad de tanta preñez
cual saldría el apetito!
Porque en mí fue tan cruel
que obediente a sus impulsos
su amistad atropellé.
Hice seguirle a un criado.
Fue diligente tras él.
Vióle en casa de doña Ana.
Que la amaba sospeché.
Digna fuera su hermosura
de abrasarme, a no saber
que don Juan adora a Elisa;
porque saliendo después
de con doña Ana, turbado,
en la calle le escuché
fulminar con quien le sirve
las locuras que un desdén,
un olvido, una mudanza,
suele arrojar de tropel.
Impedíale el criado
la entrada, por conocer
el riesgo de sus arrojos;
pero tan en vano fue
que a pesar de sus avisos,
yo mismo le vi poner,
ciego, la mano en la daga
y en sus umbrales los pies.
Entró, en fin, habrá dos horas
mas no salió. Vos sabréis,
como confidente suya,
Leonor, lo que se hizo de él;

que yo, con celos primero
que amante, un rato dudé
a las puertas de la calle
entre celoso y cortés
si entraría o no entraría
hasta que por no ofender
la quietud de quien adoro
mis deseos retiré.
De su padre y de don Pedro,
don Álvaro y don Miguel,
doña Ana y otros amigos,
entre todos cinco o seis
que son los que están agora,
conforme dicho me habéis,
haciendo las escrituras
y dándola el parabién.
Disimuléme criado
con los demás y llegué
a la presencia de Elisa,
mereciendo en ella ver
tanto cielo, gracia tanta
que en don Juan quedó esta vez,
aunque dijo cuanto supo,
avaro en encarecer.
Yo la adoro, Leonor mía,
yo estoy loco. Podrá ser
que cuanto más imposible
mis esperanzas la ven,
me parezca más hermosa.
Sin ella, no lo dudéis,
es la vida en mí tan ardua
como, cortado, al clavel.
Vos sola sois mi remedio,
vos tenéis sola poder

para conservar mis años
en el mayo en que los veis.
¿No es mejor para condesa
la hermosa Elisa? ¿No es
mejor para señoría,
Leonor, que para merced?
Pues con una acción no más
que esta noche ejecutéis,
ella os deberá mi estado,
yo la vida os deberé.

Leonor

Conde, decid, que doblones
en mangas deben de ser,
granos, por San Juan, de helecho,
pues desde que los toqué
os quiero más que a mi vida.

Carlos

Quinientos de ellos tendréis,
para casaros, seguros.
Oídme y proseguiré.
Don Pedro, Elisa, su padre
y los demás que sabéis,
con las dichas escrituras
quieren mi sepulcro hacer.
En el semblante de Elisa,
que siempre del alma fue
intérprete fidedigno,
el pesar eché de ver
con que estas bodas permite.
No sin causa malicié
que don Juan es el motivo
de que no las lleve bien.
Si vos, antes que se firme
el riguroso papel,

alegando nulidades,
por mi esperanza volvéis
diciendo fuisteis testigo
de que su palabra y fe
me dio con la mano hermosa
y que no consentiréis,
que por temor de su padre,
quebrando al cielo la ley
que en estos casos dispuso,
vos por ella os condenéis,
sus intentos estorbáis,
yo, en fin, resucitaré.
Vos tendréis en mí un esclavo
y a Elisa redimiréis.
¿Qué decís?

Leonor   Que ya es más caro,
Conde, de lo que pensé
el oro que me enmangasteis;
pero, ¿qué tengo de hacer?
Mas si a los primeros lances
pretende el viejo cruel
ser en mí leonoricida,
¿quién me podrá socorrer?

Carlos   Yo, Leonor, yo que he de estar,
si advertida me escondéis
donde de vuestras agencias
siendo testigo sea juez.

Leonor   Alto, nunca las hazañas
discursivas han de ser.
Todo consejo es cobarde
si padre del miedo es.

	Entraos en ese aposento
	que es donde duermo, y poned
	toda el alma en los oídos.
	Sabrán lo que me debéis.
(Aparte.)	(En el otro está don Juan.
	A pares empieza el mes.
	¡En mi casa las tramoyas!
	Conde es Carlos, yo mujer;
	doblones los que me hechizan.)
	¿Entráis?

Carlos   Entro para hacer
                   vuestra fortuna envidiada.

(Entra el conde Carlos.)

Leonor   Dios vaya conmigo, amén.

(Salen don Alonso, don Pedro, doña Ana, Elisa y otros.)

Alonso   Elisa, no ocasiones
                   sospechas a tu fama;
                   que ni te han de valer tus evasiones,
                   ni a quien con tantas veras y fe te ama
                   consentiré quejoso
                   pues con tu gusto vino a ser tu esposo.

Ana   Prima, si ésta no es tema
                   y quieres a don Pedro, ¿qué hay que tema
                   la dilación de un día que encareces?
                   Quien liberal da luego, da dos veces.

Elisa   Deja para los viejos,
                   pues que no peinas canas, los consejos

si no es que interesada
te importa el verme a mi pesar casada.
Conozco lo que medro
feliz consorte del señor don Pedro,
y estoy reconocida
al amor que me muestra,
mas tengo prometida
una novena a la patrona nuestra
de Atocha, y así trato
que se quede por hoy este contrato.

Alonso   Cúmplela desposada
con más quietud y menos registrada;
que aunque las estaciones
son tan santas de suyo, hay ocasiones
en que las juventudes
profanan ejercicios de virtudes.
No apures mi paciencia.
Firma esas escrituras
o apercibe tu loca resistencia
a un convento de Lerma en que tus tías
en su clausura enmienden tus porfías.

Elisa   Escojo, pues a mi elección lo dejas,
por mejor que entre rejas
sujeta siempre viva
que a quien no tengo amor servir cautiva;
pues si uno y otro al fin es cautiverio,
más noble me le ofrece un monasterio,
y más vale medrando eterno nombre
ser esclava de Dios que no de un hombre.
Y porque creas cuán constante afirmo
la determinación de tus venganzas,
rasgo en estos papeles esperanzas;

53

(Rásgalos.)	que de esta suerte yo violencias firmo.
Alonso	Detén, inadvertida.
(Saca la daga.)	la mano, si no intentas que en tu vida mi enojo satisfaga.
Leonor	¿Está en sí, vuesasted? Tenga la daga, que siendo tan cristiana mi señora,
(Aparte.)	(La chanza encajo agora.) y esposa de quien burlan, presumidos, no ha de tener a un tiempo dos maridos.
Alonso	¿Qué dices?
Pedro	¿Cómo es eso?
Elisa	¿Estás en ti, Leonor?
Leonor	Todo mi seso está como solía. Señores, mi señora es señoría. Un conde la confiesa; él por su esposa y yo por mi condesa. Ayer le dio la mano besándosela amante y cortesano. Yo fui el cura y testigo.

(Aparte doña Elisa y Leonor.)

Elisa	¡Desatinada, advierte...
Leonor	Ve conmigo. que esto importa al engaño.

Elisa	¿Pues no ves que resulta ya en mi daño;
	que está don Juan oyendo tus quimeras
	y que ha de imaginar que hablas de veras.

(En voz alta.)

Leonor	En balde me cohechas al oído.
	Más quiero mi conciencia. Tu marido
	es el conde don Carlos.
(A doña Elisa.)	Ve conmigo, que así puedes burlarlos.

Alonso	¿Qué conde o desventura?

Leonor	Esto es notorio.
	Delante de mí se hizo el desposorio.
	¿De qué forman espantos?
	¿Es mucho un conde donde sobran tantos?
	Él jura, endoselando estas paredes,
	en señorías mejorar mercedes.
	Y que apetezca yo, no es maravilla,
	ver las espaldas vueltas a una silla.

Alonso	Ya digas la verdad o ya estés loca.
	Tu atrevimiento mi furor provoca
	a que en tu sangre vil...

(Va a darla.)

Leonor	¡Jesús, María!
	¡Conde, vuelva por mí Vueseñoría!

(Sale el conde Carlos.)

Carlos	La voluntad, caballeros,

que el cielo quiso eximir
de humanas jurisdicciones
no ha de violentarse ansí.
Elisa, en cuya belleza
elíseos deleites vi,
puesto que allá vive el gozo
y acá el amarla es vivir,
piadosa admitió respetos
del alma que la ofrecí.
¡Corta oferta un alma sola
quien quisiera darla mil!
Poco más debe de haber
de un mes que por competir
con el Sol, salió en un coche
ella flora y él jardín
a dar nueva vida al Prado.
Pues, volviéndole a vestir
de yerba y rosa soberbio,
vio por noviembre su abril.
Dila parte de mis penas,
solicité, pretendí
sin perdonar circunstancias
que suele el amor lucir.
Correspondiólas afable
porque echó de ver que en mí
eran una misma cosa
el prometer y el cumplir.
La víspera de año nuevo
echó suertes y salí
por elección de los hados
su amante, y anoche en fin
me entituló su consorte
tan rendido, tan feliz
que en nuestras manos Amor

nuestras almas vino a unir.
Avisóme de la ofensa
en que todos incurrís
tiranizando su imperio.
Caballeros advertid
que es mi esposa, y que si os pesa,
y lo queréis resistir,
será fuerza el defender
mi acción y fama o morir.

Alonso   Conde, entre los generosos
siempre fue hazaña civil
hurtar el cuerpo a las leyes
y al Sol el rostro encubrir.
Elisa casi os iguala,
si la amáis como decís
un mes ha con fin honesto,
pudiéndomela pedir
seguro de vuestro abono,
¿por qué de noche venís
a usurpar jurisdicciones
y esperanzas deslucir?

Pedro   Intenten pobres vulgares
medrar por medio tan vil
calidades a sus casas
ennobleciéndose ansí;
que es lo que es disculpa en ellos
viene a ser, pues los seguís,
defecto vituperable
digno en vos de corregir.

Alonso   Oblígueos, pues sois tan noble,
la templanza que advertís,

a pesar de tanto agravio,
en mi enojo, y elegid
a satisfacción de partes
esposa con quien vivir
sin que menosprecios llore
después si os arrepentís.

Elisa   Señores, ¿qué disparates
nos pretenden consumir
el seso con la paciencia?
Yo, ¿cuándo os correspondí?
¿Cuándo os tuve por amante?
¿Cuándo, conde, os llegué a oír
deseos de pretendiente?
¿Cuándo os hablé? ¿Cuándo os vi?

(Leonor habla aparte a doña Elisa.)

Leonor   ¡Que lo echamos a perder,
señora! ¡Pobre de mí!
El conde viene a librarte
con este ingenioso ardid
de tu padre y de don Pedro.

(Leonor habla aparte a doña Ana.)

Si esta vez sabes fingir,
libre tu don Juan te queda.

(Leonor habla aparte a doña Elisa.)

Que es tu esposo el Conde di,
y dale todo por hecho.

Elisa (Aparte.)	(¿Hay quimera más sutil?)
(A doña Ana.)	Doña Ana, ayúdame ahora;
	que solo te importa a ti
	que se case con el conde.

(A doña Elisa.)

Ana	Amiga, vuelve por mí.
(Aparte.)	(Lo que Leonor me aconseja
	me está de perlas. Salid,
	ciego Amor, a vuestra causa;
	que si llegáis a impedir
	que don Juan de Elisa sea,
	mi esperanza conseguí.)
	El callar es ya culpable,
	señores, y el resistir
	al cielo y temeridad.
	Con Leonor testigo fui
	de cuanto ha propuesto el Conde.
	Él la dio el alma, ella el sí;
	conformidad las estrellas,
	la noche ocasión y, en fin,
	don Pedro culpe a sus hados
	y téngase por feliz
	esta casa, pues, merece
	dueño tanto.

Alonso	¡Que por ti,
	inadvertida, liviana,
	haya mi honor de salir
	a la vergüenza! ¿Qué dices?
	¿Qué respondes?

Elisa	Que encubrir

verdades tan manifiestas
no es posible; que seguí
los consejos de doña Ana
sin poderme reducir
a querer bien a don Pedro,
y que el Conde vive en mí.

(Sale don Juan.)

Juan   Ya es infamia el sufrimiento.
Déjame salir a dar
desahogos al pesar,
avisos al escarmiento.
Pretender que en el tormento
sufra las penas atroces
la congoja y no dé voces
con el agravio es lo mismo
que enfrenar sobre el abismo
los huracanes veloces.
Todos me habéis ofendido;
de todos juntos me quejo:
de un ciego y avaro viejo;
de un amigo fementido;
de mí mismo inadvertido;
de Elisa, en cuyo poder
me he perdido sin temer
que es de las mudanzas dueño
y sombra, flor, pluma, sueño,
la palabra en la mujer.
No ha un hora que me juró
con afectos apacibles
atropellar imposibles
que en mi favor despreció.
No ha media que prometió

ser a violencias diamante.
No ha un instante que inconstante
anegó mis esperanzas.
¡Considerad las mudanzas
de una hora, media, un instante!
　Todos mi mal prevenís.
Loco por todos parezco.
A todos os aborrezco
pues todos me perseguís.
Si estos oprobios sentís,
venid a contradecirme.
Sígame el necio que afirme
que no es infeliz quien ama,
que Amor su imperio no infama
y que hay hermosura firme.

(Vase don Juan.)

Pedro　　　　　　　　Oye, don Juan, que es preciso
el medio que ha de valerme.
Arrojado he de perderme.
No perdonarte remiso.
Yo pondré a tu poco aviso
freno y límite bastante
aunque desde aquí adelante
juzgue quien mi agravio siente
que le restauré prudente
si le descuide ignorante.
　Prevención discreta ha sido
Elisa, la que hecho habéis;
pues, porque os sobren tenéis
en cada sala un marido.
De los tres que hemos venido
podéis a gusto escoger

y esta casa no temer
lo que muchas necesitan
si las que poco se habitan
a pique están de caer.
   ¡Tanto huésped encerrado!
¡Notable capacidad
tiene vuestra voluntad
pues a tres lugar ha dado!
Puesto que he sido llamado
renuncio el ser escogido.
En Talavera he vivido,
en ella de mí os servid
aunque aquí y allá advertid:
se quiebran de una manera
los platos de Talavera
y las damas de Madrid.

(Vase don Pedro.)

Carlos   Ya, señora, dificulto
lo que antes facilité
aunque crédito no dé
a vislumbres de esta insulto.
¡Pero a tal hora y oculto
en vuestra casa don Juan!
Permisiones de galán
exceden el justo extremo.
No os culpo yo, pero temo
peligro del qué dirán.

(Vase el conde Carlos.)

Leonor (Aparte.)   (Miedos, ¿qué hacemos aquí
si en esta tempestad toda

soy la vaca de la boda
y ha de llover sobre mí?
Por el Conde me perdí,
de él me voy a socorrer;
y cuando no pueda ser,
pues a embelecos me atrevo,
oficio conmigo llevo
que me gane de comer.)

(Vase Leonor.)

Ana   Prima, por verte en altura
que a tus deudos nos honrase,
procuré que se casase
con un conde tu hermosura.
El amor todo es ventura.
No la supiste tener.
Don Juan te ha echado a perder
y es quien de ti más se ofende;
que quien todo lo pretende
todo lo viene a perder.

(Vase doña Ana.)

Elisa   ¿Qué intentará agora —icielos!—
mi airado padre conmigo
que entre el perdón y el castigo
me derrotan sus desvelos?
¡Tanta tempestad de celos,
Fortuna! Pues multiplique
olas que a mi fe dedique;
que si engolfándome van
y no es Santelmo don Juan,
el remedio es irme a pique.

(Vanse. Salen doña Ana y Leonor.)

Leonor   Esto es todo lo que pasa.

Ana   En efecto, ¿qué tú fuiste
la que a Carlos escondiste?

Leonor   Ocultéle por ti en casa
y, de ella salgo por ti,
huyendo.

Ana   Mientras la mía
de ti su esperanza fía,
en ella tendrás, y en mí,
   la acción que yo. Y, si don Juan
hace caso de su honor
y paga mi honesto amor,
mis dichas te deberán
   las medras de nuestro engaño.

Leonor   Ten por cierto que no esté
en Madrid quien más te dé
pesares en todo este año.
   Yo vi a sus puertas el coche
con las mulas de camino;
que ha de sacarla imagino
el viejo esta misma noche.

Ana   Logre mis dichas, Amor
y sáqueme de estas olas.

(Sale don Juan.)

Juan	Pésame no hallarte a solas.
	Retírate allá, Leonor.
Leonor (Aparte.)	(Bueno se le va poniendo
	el ojo a la haca. ¿Ya están
	los amores de don Juan
	de otro temple? No lo entiendo.)

(Vase Leonor.)

Juan	Doña Ana, yo necesito
	de tu amor y tu consejo.
	Herido a don Carlos dejo,
	deslumbróle su delito.
	Aguardéle en esa calle;
	ciego me salió a buscar.
	La razón me pudo dar
	aceros para sobralle.
	Enemigo es poderoso,
	peligrosa mi asistencia,
	si se evita con mi ausencia,
	partirme luego es forzoso.
	Débote la voluntad
	que pagarte no he podido,
	cuando más reconocido
	no quiere mi adversidad
	que llegue a corresponderla.
	El peligro me da prisa;
	la poca lealtad de Elisa
	ocasión de aborrecerla.
Ana	No querrá mi estrella airada,
	don Juan, ya en mi favor cuerda,
	que cobrándote te pierda

65

hoy dichoso, hoy desdichada.
Haga el Conde diligencias
buscándote; que en mi casa
mientras este rigor pasa
desmentirás sus violencias.
Este cuarto, ese balcón,
pues en amar te aventajo,
pasándome yo al de abajo
te ha de servir de prisión.

Juan   Donde reina la piedad,
donde triunfa tu firmeza,
si es mi alcaide tu belleza
mi prisión es libertad.
Mas recelo de Leonor
que me vio entrar.

Ana   No hay temella.
Téngola grata, y por ella
se ha de lograr nuestro amor.

Juan   Tú lo dispones de suerte
que en las dichas que intereso
soy ya dos veces tu preso.

Ana   Libros en que entretenerte
hay sobre ese contador
y aderezo con que escribas
versos, que a Elisa apercibas,
mientras que viene Leonor
a traerte de cenar
y a disponerte la cama.

Juan   La aurora aljófar derrama.

Tarde es para reposar.

Ana   No tienes en qué ocuparte.
          Los presos duermen de día.

Juan   Desvela Amor, Ana mía,
          y amo yo.

Ana   Quiero cerrarte
          que te temo fugitivo.

Juan   Si me buscare Coral,
          fíate de él que es leal.

Ana   Adiós, pues, dueño cautivo.

(Vase cerrando con llave.)

Juan   ¡Extraña temeridad
          he intentado, ciego Amor!
          Contento estoy con vivir
          tan cerca de quien murió.

(Sale Coral [por otra puerta, abriendo con llave,] y habla hacia dentro.)

Coral   Déjame la llave y vete
          a tus haciendas, Leonor.
          Aunque siendo haciendas tuyas
          no tendrán mucho de Dios.

Juan   ¡Oh, mi Coral, bien venido!

Coral   Coral y tan tuyo soy
          que esta vez he de quitarte

todo el mal de corazón.
Déjame cerrar la puerta.
Retirémonos los dos
donde, ya que nos acechen
no nos oigan. Atención:
después que al coso saliste
picado del garrochón
de los celos, si no toro
torote atropellador,
de lo roso y lo velloso,
yo, herido de mi temor,
tuve envidia en las paredes
a las letras de carbón,
deseando transformarme
en ellas con saber yo
ser cartapacio del necio
y sátira del lector.
Cuando después que te fuiste
cada cual competidor
sarpullido de los celos,
le dio a tu dama un jabón.
Quedaron ella y su padre...
¡Ya ves qué tales los dos!
¡Como en las uñas del gato
el temoroso ratón!
Ponderó lo que te amaba,
tus finezas, tu valor,
la tempestad de tus celos,
lo limpio de tu afición
y que próvida en no dar
sospechas al pundonor
en los que a vistas vinieron
a esconderte te obligó.
Que a don Pedro aborrecía

más que el buho el resplandor,
al buen año el avariento,
a la Hermandad el ladrón.
Juró como un catalán
no saber quien ocultó
a aquel Conde entremetido,
de nuestra paz Galalón,
que ni de él tuvo noticia
ni en su vida le dignó
la memoria ni aun los ojos.
Mas que, a pura persuasión
de doña Ana que la dijo
ser tu amigo protector
y querer con tal engaño
redimir su vejación,
concedió con su embeleco,
y la cláusula cerró
con ofrecer a su espada
el cuello todo candor.
Oyóla pro tribunali
el viejo ponderador,
resolviéndose después
de media hora de sermón
en que había de llevarla
a Lerma antes que, veloz,
diese el alba afeite al Prado
y a su oriente bermellón.
Entró a prevenirse Elisa.
El viejo aprestar mandó
el coche con dos criados
y, entre tanto... oye el mejor
caso que escribió poeta
que, a serlo a fe de quien soy,
que sin mendigar asuntos

yo enriqueciera a un autor.
Entre tanto, como digo,
por un pariente envió,
confidente de su casa,
celoso de su opinión.
A éste, pues, en puridad
le dijo: «Álvaro, yo estoy
resuelto a honrar con la sangre
del conde mi sucesión.
Persuadir que trueque Elisa
en desdén la inclinación
que a don Juan tiene es querer
que el abril viva sin flor.
Fiado, pues, en el tiempo
cuya cuerda dilación
muda afectos y apetitos,
he fingido que llevo hoy
a un monasterio de Lerma
a Elisa, en cuya prisión
escarmiente rebeldías
y se mude su rigor.
Sacaréla luego al punto
de la corte y, yendo yo,
Dorotea y Alvarado
con ella, sin permisión
que a persona comunique,
ni vea aun el resplandor
del cielo con las cortinas
echadas. Mi prevención
estriba en que ignore el pueblo
que ha de darla habitación.
Llegaremos de esta suerte
a la una o a las dos
a sestear a las ventas

que llaman de Torrejón.
Retiraréla a una cuadra
hasta que cubra de horror
la noche nuestro hemisferio
y, siguiendo mi ficción
daremos vuelta a Madrid
persuadiéndola que estoy
resuelto a que viva oculta
en Illescas, donde vos
la esperáis a instancia mía
mientras la murmuración,
sepultada en el olvido,
no lastime nuestro honor.
Vendrémonos tan despacio
que entremos cuando el rumor
y bullicio de la gente
no pueda darla ocasión
para advertir que a la corte
mi engaño la restauró.
Vos, don Álvaro entre tanto,
en fe que mi amigo sois
y que en vuestra lealtad tengo
antigua satisfacción,
despejando aquesta sala
de cuanto adorno la dio
la calidad de mi estado
y de mi hacienda el valor,
cuadros, escritorios, sillas,
colgaduras, contador,
cama, estrado, sin que quede
un clavo que dé ocasión
a que reconozca el sitio,
pediréis al corredor,
Luis de Toledo se llama,

otra tanta ostentación
que de modo la disfrace
que no la conozca yo.
Retirada en ella Elisa,
y las puertas del balcón
clavadas, dando la luz
la vidriera superior,
ni creerá que está en la corte
ni viéndola sino vos.
Hará don Juan diligencias
que despierten su afición.
Solicitaré entre tanto
que el conde, que sospechó
mal del desaire pasado,
haga cuerda información
de la honestidad de Elisa
y, buscando intercesor
poderoso, si es su amante
lograré mi pretensión».
Esto dijo, esto escuché,
temeroso acechador,
por el hueco de la llave.
Esto mismo prometió
el don Álvaro, pariente,
partiendo a su ejecución
como el coche a su jornada.
Salí a tiento a un corredor.
Topé con una escalera.
Hasta un patio me guió.
Di desde él en un corral.
Salté desde un paredón.
Supe que el Conde iba herido.
Mi lealtad adivinó
que estabas en esta casa.

Doña Ana abrirme mandó.
Y la noche que se sigue
volverá a la posesión
de su cuarto nuestra Elisa.
Si permanece tu amor,
pared en medio la tienes,
Tisbe y Píramo los dos.
No os veréis por redendijas
mas de balcón a balcón.
Para que os comuniquéis
con toda circunspección
sin riesgo de la conciencia,
que no lo permita Dios,
traza tengo imaginada
que ha de hacerme arquitector
balconero con que admire
al artífice mayor.
Ya sabes mi habilidad.
Mi ingenio es ensamblador.
Lo que te quiero infinito.
Consulta a tu suspensión
durmiendo agora sobre ello
y si te está bien o no;
que después queda a mi cargo
el lograr esta invención.

Juan   Coral, cosas me refieres
que, al paso que nuevas son,
causan en mí novedades
extrañas.

(Sale doña Ana.)

Ana   Vendrá Leonor,

que es hora que don Juan cene.

Juan

Abre, Coral.

Ana

Pues, señor,
¿cómo os va de carcelaje?

Juan

Doña Ana, ¿cómo con vos?
Tarde es para que cenemos.

Coral

Almorzar será mejor
y reposarás de día.

(Don Juan habla aparte a Coral.)

Juan

No hay plato de igual sazón
como el hablar de mi Elisa.

Coral

Déjame a mí.

Juan

Vuelva yo
por ti a la gracia de Elisa
y mi hacienda a tus pies pon.

Fin de la segunda jornada

Jornada tercera

(Salen don Álvaro, don Alonso, Leonor y Elisa, traída por mozos en una silla de manos. [Don Alonso habla aparte a don Álvaro mientras que Elisa salga de la silla].)

Alonso   La industria ha sido extremada,
pues en el coche cubierta,
creyendo que a Illescas viene,
la dejo en su cuarto presa.

Álvaro   A Leonor topé en la calle,
y luego la hice por fuerza
que viniese conmigo.

Alonso   Don Juan la esperanza pierda.

Álvaro   Está muy bien advertido
[............ e-a]

(A Elisa.)

Alonso   Enmienda tu condición,
que mientras no la mudares
y más cuerda me obligares
ha de durar tu prisión
    lo que durare mi vida.
¡Presto la consumirás!
Todos presumen que vas
a Lerma. Traza es fingida
    para que no sepan donde
te niego a sus diligencias.
¡Extrañas tus resistencias
son! Ni don Pedro ni el Conde

	te satisfacen. Don Juan
	no ha de ser tu esposo. En esto
	no hay que hablarme. Si has dispuesto
	darme disgustos, tendrán
	aquí los tuyos castigo.
	Si intentas que no me arroje
	a más extremos, escoje,
	consultándolo contigo.
(A don Álvaro.)	Cerrad y venid, que es hora
	de partirme.

Álvaro   Ejecutor
he de ser de este rigor.
Mirad lo que hacéis, señora.

(Vanse los dos y cierran con llave por de dentro.)

Elisa   No sé si diga que siento
el verte en mi compañía
más que cuanta tiranía
oprime mi pensamiento.

Leonor   Suerte es de los desdichados
que yerran en cuanto emprendan,
con los servicios ofendan
e indignen con los agrados.
Doña Ana con las malicias
de don Carlos me engañó.
Merezca, señora, yo
perdón siquiera en albricias
de que está aquí tu don Juan.

Elisa   ¿Qué dices?

Leonor	Que a Illescas vino,
	tú el norte de su camino
	y él tras ti tu piedra imán.
	Doña Ana tiene a don Juan
	en su casa. Y para darte
	aviso, vine a buscarte
	y cogióme en el zaguán...
Elisa	No me digas más, Leonor.
Leonor	Responde a las ansias mías.
	¿Has visto por dó venías?
Elisa	¿Cómo, si hasta el resplandor
	del cielo mi padre airado
	me limitaba? Aun de noche
	no nos permitió que al coche
	corriesen un encerado.
	Yo a la popa, él junto a mí;
	de día en una posada
	tan oculta y retirada
	que aun los huéspedes no vi.
	Apenas llegué a esta villa
	cuando me sale a la puerta
	también para mí encubierta
	de esta posada una silla.
	Y entrando a escuras en ella,
	para que todo lo dude,
	aun la escalera no pude
	ver cuando subí por ella.
Leonor	Tu tío me trujo aquí
	sin ver por dónde y culpada.
	El Conde, que interesada

me juzga, volvió por mí
y alcanzó que te asistiese
con cargo de ponderarte
que su vida es adorarte.
Doña Ana, para que hiciese
que de don Juan te olvidases,
también por mí ha intercedido
y los dos me han ofrecido,
como con Carlos te cases,
dote y ajuar; pero yo
que contigo me crié
y por experiencia sé
que el cielo te destinó
a don Juan, que te merece,
resuelta en morir contigo
al cielo doy por testigo
de lo que mi fe te ofrece.
Cama y alcoba curiosa
hay que autorizan su dueño.

Elisa   Con pesadumbre no hay sueño.
Poco quiere quien reposa.
Rezaré un rato primero
y entrarásme a desnudar.

Leonor   ¿Enamorada y rezar?

Elisa   ¿Qué dices?

Leonor   Que aquí te espero.
(Vase Elisa.)   Disponiéndose van bien
de Coral las invenciones.

(Saca muchas llaves en un llavero.)

Fióme sus intenciones
y quiérole un poco bien.
　Agora falta probar
si entre tanta multitud
de lleves tendrá virtud
alguna para burlar
　la impertinente quimera
del viejo en nuestra prisión;
porque con llave al balcón,
sin ver la calle siquiera
　es morir. Aunque Amor muestra
industrias en la apretura,
y más de tanta clausura...
Ésta pienso que es maestra.
　Voyle a probar entre tanto
que cumple sus devociones
Elisa. Hermanos balcones,
dad luz, y sea por encanto.

(Vase y salen don Juan y Coral.)

Coral

　Viento en popa navegamos
por el pasaje común
de los que nacen de pies.
La Fortuna te hace el buz.
Ya tu Elisa está en su casa
puesto que de mancomún.
Su padre y su confidente
la hacen creer, en virtud
de que a Carlos dé la mano,
que está en Illescas según
escuché trazarlo anoche
a la avara senectud

de su padre. Fuera duerme
doña Ana, que la avestruz
de la muerte le ha sisado
a su tía la salud.
No volverá según esto
hasta que con nueva luz
trueque el Sol en cunas de oro
el marítimo ataúd.
Encajado el pasadizo
que ha de ser nuestro arcaduz,
y de balcón a balcón
echó mi solicitud.
Por más que encarcele el viejo
a tu Elisa, si tahúr
eres, a figura estás
yendo a primera de flux.

Juan   Las paredes están altas,
              la calle toda inquietud,
              los vecinos maliciosos.
              La honra peligra...

Coral   ¡Jesús!
              ¿De cuándo acá eres cobarde?
              Calóse el cielo el capuz,
              monjil de la viuda noche,
              sin verse un jirón azul.
              Durmiendo la vecindad,
              la Luna en el mar del sur,
              y ¡tú amor con tembladeras!
              ¡Miren qué asalto de Ormuz!
              Vete, y verás mis desvelos.

Juan   ¡Oh, Amor, si sacas a luz

80

                              mi esperanza, deberánte
                              mis sentidos su quietud!

(Vanse don Juan y Coral. Sale Leonor con una llave de loba.)

Leonor   Hechicera es esta llave.
                              No hay para ella prevención.
                              Abrí al instante el balcón.
                              También por la puerta cabe
                                de la sala que he ya abierto.
                              Deberále a mi artificio
                              don Juan todo este servicio,
                              pues con él su amor despierto.

(Sale Coral.)

Coral   Dóysela al mismo Arquimedes,
                              si es hombre, de tres la una.

Leonor   ¡Ay, Jesús! No me has dejado
                              gota de sangre.

Coral   Las brujas
                              como tú, por tener poca,
                              dicen que a los niños chupan.

Leonor   ¿Por dónde entraste?

Coral   A la chanza
                              de un tablón se lo pregunta.
                              Sacabuche balconero
                              cuyo cuello como grulla
                              ya se extiende, ya se encoge,
                              y celebrando mi industria

	en el otro se incorpora
	con invención tan segura
	que pueden pasar por él
	los chapines de una viuda.
	Que yo subí por encaje.

Leonor
Sí, pero Coral, ¿quién duda
que en viéndolo los que pasan
nuestra opinión no destruyan?

Coral
Anda, que estás hoy modorra.
Ya te digo que se excusa
todo registro mirón;
pues cuando el Sol o la Luna
quieran hacer de él alarde,
retirándole se oculta
del modo que la naveta
del escritorio; que ocupa
el espacio de su hueco.

(Sale Elisa.)

Elisa
Si no hablas con las pinturas,
Leonor, ¿con quién te entretienes?
¡Jesús! Coral, ¿tú aquí?

Coral
Triunfan
sutilezas amorosas
de impertinencias caducas
y éntrase por cualquier parte
Amor, que es deidad desnuda.

Elisa
Bien; mas ¿con llave las puertas?

Coral	Para Amor no hay cerraduras; que como es su padre herrero le enseñó a forjar ganzúas.
Elisa	¿Quién te dijo que en Illescas estaba yo?
Coral	Amor, lechuza, que escondiéndose del Sol te supo seguir a escuras. En Illescas y en la corte estás a un tiempo y, sin culpa, presa en tu mismo aposento él de don Álvaro ocupas. Si quieres averiguar todas estas garatusas, abre [al] balcón las ventanas, repara el modo y figura de la sala en que te prenden. Mira esa alcoba o estufa, las bovedillas del techo que en Illescas poco se usan, esas puertas y paredes que como los trajes mudan cual danzantes se disfrazan con ajenas composturas. Yo pasé por el balcón. Pasar puedes tú si gustas, que la puente levadiza ningún pasajero excusa. Don Juan está en ese cuarto. De tu prima estás segura. No hay cosa que te dé enojo.

[Dice dentro don Alonso.]

Alonso   Esperadme, conde, aquí.

Elisa   ¡[Aquéste] es mi padre!

Leonor   Sí.

Coral   Al pasadizo me acojo.

(Vase.)

Elisa   Yo me retiro a esta puerta.

Leonor   Engaños hay para todo.
                    [............ -odo]
                    [............ -erta].

Alonso   ¡Hola! Abrid aquí.

Leonor   ¿Quién es?

(Sale don Alonso.)

Alonso   Si yo por de fuera cierro,
                    ¿para qué es prevención tanta?

Leonor   Para que quien entre dentro,
                    no nos halle de improviso
                    en civiles ministerios.

Alonso (Aparte.)   (Yo quiero con esta industria
                    estorbar sus pensamientos.)

Llama a Elisa.

(Sale Elisa.)

Elisa
                Pues, señor,
¿has hallado modos nuevos
con que añadirme pesares?
¿Mudaste ya de consejo?
¿Quedósete algo olvidado?
Que yo te estaba midiendo
dos leguas de aquí el camino.
¿A qué vuelves?

Alonso
                Ya no es tiempo
de proseguir invenciones.
Hija, solo los recelos
de que don Juan te inquietase
determinarme pudieron
a persuadirte que estabas
en Illescas; mas supuesto
que ya no nos hace estorbo,
que estás en Madrid te advierto
en tu casa y en tu cuarto.

Elisa
       ¿Dónde?

Alonso
          En tu casa.

Leonor
             ¡Ay, qué enredo!

Elisa
       Pues aquesta ostentación
¿de dónde vino?

Alonso
          Todo eso

y más hallan en la corte
diligencias y dineros.
Vamos agora a lo más
y no gastemos el tiempo
en lo que menos importa.
Don Juan, perdido de celos,
hirió ayer noche a don Carlos
y recelándole muerto,
se valió de doña Clara
en cuya casa y secreto,
por ser de doña Ana tía,
y heredera convinieron
en que don Juan se ausentase
quedando los dos primero
desposados. Supo el conde
los amorosos extremos
que don Juan debe a doña Ana.
Supo estos tratos don Pedro
y tuvo de ellos envidia
porque viendo tus desprecios,
olvidado de tu amor,
el suyo en tu prima ha puesto.
Don Carlos, pues, que te adora
juzgó generoso y cuerdo
que casándose doña Ana
con don Juan, hallaba medios
con que obligarte a su amor
y anteponiendo deseos
a venganzas, fue esta noche
a ver a don Juan, saliendo
con tantas veras su amigo
que a instancia suya se dieron
doña Ana y don Juan las manos,
unos y otros tan contentos

que enviándome a llamar
testigo he sido y tercero
en casa de doña Clara
de finezas y de afectos.
Mañana, en fin, se desposan,
y el Conde, que por ti ha expuesto
la vida, viene conmigo.
¡Ya ves lo que le debemos!
Págale grata su amor.

Leonor (Aparte.) (¡Jesucristo! ¡El embeleco
que ha tejido en un instante!
¡Válgate la trampa el viejo!)

Elisa Cosas, señor, me refieres
que las presumiera sueños
a no ser quien las afirma
tan digno de fe y respeto.
¡En la breve duración
de un día tanto suceso!
¡Tanta mudanza en don Juan!
¡Tan poco amor en su pecho!
¡Alto, Amor desvanecido
al uso del siglo andemos!
Lo que arruinaron engaños
reedifiquen escarmientos.
al conde Carlos admito.

[Abrázala.]

Alonso ¡Agora sí que en tu cuello
como la hiedra en el olmo
mis años rejuvenezco!
Aquí está, voy a llamarle.

	¡Qué buenas nuevas le llevo!
Elisa	¿A estas horas? No señor. Mañana con más sosiego dispuesta el alma a servirte podrá venir.
Alonso	Bien, no quiero apresurarte; mas mira que, pues quedamos en esto, no me saques mentiroso.

(Vase don Alonso, [cerrando con llave].)

Leonor	Señora, ¿qué es lo que has hecho?
Elisa	Leonor, ¿qué sé yo? ¿Qué quieres de un alma toda recelos que entre engaños que ha escuchado duda verdades? ¡Que tiemblo! Don Juan adoró a doña Ana. Apariencias le ofendieron del conde en mi casa oculto, hirióle, ausentóse, y temo que escondiéndose en la suya siendo huésped, salga dueño. Abre, Leonor. Dame el manto.
Leonor	¿Para qué?
Elisa	Las dos iremos, o yo sola que es mejor, quedándote tú aquí dentro. Si a don Juan hallo en la casa

de mi prima, desaciertos
de mi temor me engañaron;
mas si no, cuanto sospecho
es sin duda.

Leonor
　　　　　¿Y no reparas
que han de conocerte luego
los criados de tu prima?

Elisa
Todos estarán durmiendo.
La casa tiene vecinos.
Hallaré el portal abierto.
Arriba en el cuarto solo
vive don Juan casi preso.
Fingiré que soy doña Ana,
abriráme y trazaremos,
si se engañan mis malicias,
los dos el mejor acuerdo
que asegure mis temores.

Leonor
Loca estás.

Elisa
　　　　Estoy sin seso.

Leonor
Pues ¿dónde habemos de hallar
el manto si entraste en cuerpo
desde el coche hasta la silla?

Elisa
Mantos hay en mi aposento
Mira ese cofre, Leonor.

Leonor
Vamos; que apaciguar celos
es pedir peras al olmo.

Elisa	Leonor, avisa en sintiendo a mi padre.
Leonor	¿Yo? ¿Por dónde?
Elisa	Tendrá el pasadizo puesto Coral, y desde el balcón me llamarás.
Leonor	En efecto ¿das en creer disparates?
Elisa	Dúdolos si no los creo.

(Vanse las dos y salen don Alonso, don Pedro y el conde Carlos, con banda.)

Carlos	Escondido y atento escuché su amoroso sentimiento, y que ofreció discreta ser dueño mío si doña Ana aceta a don Pedro y olvida a don Juan. Pues nos consta su partida a Valencia, no queda inconveniente que estorbarnos pueda.
Alonso	La elección que en su amor don Pedro ha hecho nos obliga a ayudarle.
Pedro	Satisfecho de su honesta hermosura desde que fui su huésped, mi ventura a adorarle me inclina.
Alonso	Seguirá mis consejos mi sobrina

pues por padre me tiene.
Fuera de que avisarla me conviene
de todo este suceso
pues el fin que intereso
estriba en que a su prima persuada
que con don Juan su boda concertada,
será más venturosa
si con ella don Carlos se desposa.

Pedro   Cuidad de exagerarla
lo mucho que me esmero en adorarla,
lo que pienso servirla.

Alonso   A mí me está tan bien el persuadirla
la suerte que no espera;
que cuando no por vos por mí lo hiciera.
Hallaréla dormida;
mas no importa. Despierte; que sabida
la nueva que he de darla,
lisonja pienso que es el despertarla.

(Vanse y salen doña Elisa con manto, don Juan y Coral.)

Elisa   Todo esto pueden sospechas
si bien hallándoos aquí
del alma las despedí.

Juan   Como estén ya satisfechas;
aunque tormentas deshechas
fulmine en el mar de amar
la Fortuna, que turbar
mis esperanzas procura,
Santelmo vuestra hermosura,
no han de poderme anegar.

	Sentaos un rato. Tracemos
	ardides con que podamos
	vencer, aunque padezcamos
	inclemencias que tememos.

Elisa
Don Juan, prevenir extremos
de un padre todo violencia,
a costa de la paciencia
es forzoso. Yo me voy.

Juan
Mirad que en la gloria estoy
en fe de vuestra presencia.
    A estas horas, ¿qué teméis?

Elisa
Temo, don Juan, el cuidado
de un padre que desvelado
Argos en mi ofensa veis.

Juan
¿Por el balcón os iréis?

Coral
Yo le voy a prevenir
entre tanto; que el zafir
del cielo platea la aurora.

(Vase Coral.)

Juan
Merezca quien os adora
solo este instante vivir.

Elisa
    Es la Fortuna inhumana
de mi paz tan enemiga...

(Siéntanse los dos de espaldas a la puerta por donde entra don Alonso. [Sale don Alonso] y se levanta don Juan. Doña Elisa se queda sentada y cubierta con el manto.)

Alonso   ¡Válgame el cielo! ¿Qué es esto?
                               Parece que escuché a Elisa.
                               ¿Con luz la sala y abierta?
                               Madrugado ha mi sobrina.

(Doña Elisa habla aparte con don Juan.)

Elisa   Éste es mi padre. ¿Si en casa
                               me echó menos? ¡Qué desdicha!

Juan   Cubre la cara y no temas.

Alonso   ¡Don Juan!

Juan   ¿Mandáis en qué os sirva?

Alonso   ¿Qué hacéis vos en esta casa?

Juan   Experiencias de cuán digna
                               es de alabanza su dueño,
                               pues ansí su amor me obliga.

Alonso   ¿No os íbades a Valencia?

Juan   Es poca causa una herida
                               en mi agravio ocasionada
                               para ausencia tan prolija.

Alonso   ¿Qué es de doña Ana?

Juan	Llevóla

Juan

                Llevóla
la enfermedad de su tía
para que como heredera
a su testamento asista.

Alonso

¿Qué veo? ¡Válgame Dios!

Juan

¿Qué os ha dado?

Alonso

             ¡Pues, Elisa!
¿Tú a tal hora y en tal parte?
¿Así mi honor precipitas?
¿Así tu fama atropellas?
¿Así mi sangre lastimas?

Juan

¿Qué decís? ¿Estáis en vos?

Alonso

¿Cómo? ¿Qué queréis que diga?
¿Quién estar en sí pudiera?
¡En vuestra sangre, en su vida,
satisfacer mis deshonras!
Con alguna llave hechiza
falseaste mis cuidados,
franqueaste tus malicias.

Juan

Volved, señor don Alonso,
en vos. Que es grande desdicha
que vejez tan venerable
de su prudencia desdiga.
Si sacasteis de esta corte,
dos noches ha, a vuestra hija,
si nuestro amor os ofende,
si agora a Lerma camina,
¿quién vuestros discursos ciega?

¿Quién os altera la vista?
¿Quién quimeras os retrata?
¿Quién apariencias os pinta?
Advertid que esta señora
como a preso me visita.
Fue doña Ana a ver su enferma
y, mi fe reconocida
a un amor tan generoso,
como halló en su hermosa vista
contrahierba a mis desvelos,
que se quede la suplica
conmigo un rato, fiadora
de su honor la cortesía.
A este tiempo entrasteis vos,
y del modo del que mira
por cristales de colores
juzga de la especie misma
todas las cosas que advierte.
Los cuidados que os lastiman
os hacen creer que son
cuantas damas veis Elisas.
Doña Ana quiere a don Pedro,
el Conde los patrocina.
Los dos tratan desposarse.
Sus esperanzas estriban
en vuestro consentimiento.
Ausente está de esta villa
vuestra ingrata sucesora
¿qué ocasión, pues, os incita
a desbaratar acciones
de vos tan apetecidas?

Alonso   ¡Persuadirme que estoy loco
              para que mejor se finja

	vuestro engaño! ¡Que, aunque viejo, no está la sangre tan tibia en mis venas que no baste!
Juan	Sosegaos, señor.
Alonso	Malicias semejantes no merecen quietud si no se castigan. ¿A mí negarme evidencias? ¡Aquel manto, la basquiña, el talle, la misma voz que escuché cuando subía conozco!
Juan	¡Qué extraño tema! ¿No habrá en Madrid quien se vista de la mesma suerte que otras?
Alonso	Si puedo con descubrilla convencer vuestros enredos ¿qué aguardo?

(Quiere destaparla y detiénele don Juan.)

Juan	No se averiguan en desdoro de las damas recelos con demasías. Suspended cortés la mano o no os guardarán las mías la noble veneración a que las canas obligan.
Alonso	¡Negáisme que vea su cara!

(Alza todos los tapices muy colérico y tienta todas las paredes.)

¡Ah, quién tuviera en la cinta
el acero que los años
para su agravio jubilan!
Falseó el atrevimiento
llaves que el vicio fabrica;
pero mientras la experiencia
certidumbre examina,
quedaos, aleves, que yo
volveré a casa y, si Elisa
no está en ella, aunque con riesgo
de su opinión ya perdida,
lo que no pueden mis años
será fuerza que remita
al socorro de las canas,
dando cuenta a la justicia.
La llave que aquí olvidasteis,
dejándoos presos, os quita
de la mano la ocasión
de que huyáis.

(Quita la llave de la puerta y vase cerrando por fuera.)

Elisa   Coral, aprisa,
que es la dilación dañosa.

(Sale Coral.)

Coral   Nuestra puente levadiza
te asegura. ¡Alto, a pasarla!

Juan   Adiós dueño de mi vida,

97

que yo velaré entre tanto,
Argos el alma en mi vista
para socorrer desaires
si en ellos mi amor peligra.

(Vanse. Sale Leonor.)

Leonor   Picóse mi ama en el juego.
No tiene tanto temor
como yo.

(Sale Elisa quitándose el manto apresurada.)

Elisa   ¡Leonor, Leonor!
Quítame este manto luego
   y escóndele. ¡Acaba, pues!

Leonor   ¿Viene señor?

Elisa   ¡Ay de mí!

Leonor   ¿Y te vio con don Juan?

Elisa   Sí.
Referiréte después
   cosas que te den espanto.
Descuidados nos cogió.

Leonor   ¡Jesús! ¿Y te conoció?

Elisa   No y sí. Acaba, esconde el manto.
   Date prisa; que de hallarle
me pierdo. Llévale.

Leonor	¿Adónde?
Elisa	En los colchones le esconde;
	pero no, que ha de buscarle.
	Échale por el balcón
	en la calle... Mas verále
	mi padre que agora sale
	de esotra casa.
Leonor	¡Dispón
	qué habemos de hacer!
Elisa	Espera,
	bájale a nuestro aposento.
Leonor	Peor, que a tu padre siento
	subir ya por la escalera.
Elisa	En la manga.
Leonor	Mal consejo
	que en una comedia vi
	que le escondieron así
	y todas las oye el viejo.
Elisa	Mira, pues, que sube.
Leonor	Aguarda,
	verás un ardid bisoño.
	Metámosle en este moño.

(Destócase Leonor y quítase una jaulilla. El manto ha de ser de los que llaman de humo. Métenle doblado en la jaulilla y vuélvase Leonor a ponerla. Dentro don Alonso.)

Elisa	¡Sutil industria!
Leonor	¡Gallarda! Alíñame esos cabellos.
Elisa	¡Qué mal se reirá quien llora!
Leonor	Barzagas que le halle agora. Acaba de componellos.
Alonso	Leonor, esa aldaba quita.
Elisa	Señor, pues ¿a qué otra vez?

(Sale don Alonso.)

Alonso	¡Jesús, Jesús, mi vejez el seso me precipita! ¿Por dónde pudiste entrar en esta pieza?

(Mira y tienta las paredes y la alcoba.)

Elisa	¿Qué dices? ¿Qué buscas en los tapices? ¿Qué por la cama?
Alonso	Engañar mis advertencias pensabas? ¿Qué es del manto que traías?
Elisa	¿Manto? ¿Cuándo? ¡Desvarías!

100

Alonso	Cuando con don Juan estabas.

Leonor	¡Ay desdichada de mí! Señor ha perdido el seso.

Elisa	¿Yo con don Juan?

Alonso	De tu exceso, liviana, evidencias vi. Despejad las dos las mangas. Manifestad faltriqueras.

(Míralas.)

Leonor (Aparte.)	(O está sin seso de veras o viene a caza de gangas.)

Elisa	Padre y señor ¿qué te han dado? ¡Ay, cielos, que me la han muerto!

Leonor	O caduca o ten por cierto que el Conde nos le ha hechizado.

Elisa	Padre mío de mis ojos, ¿qué tienes?

(Hace que llora.)

Alonso	Llora y derrama embustes. ¿Si está en la cama?

(Vuelve a mirar en la alcoba.)

Elisa	¡Nunca yo te diera enojos!

¡Que he de pagar tan aprisa,
Fortuna, tantos rigores!
¡Ay, padre mío!

Leonor (Aparte.)   (¡Ay, amores!)

Alonso   Sosiega el pesar, Elisa.
     Entré a buscar a tu prima.
Hallé a don Juan y a su lado
a una dama que aunque echado
el manto, juzgué de estima.
     Engañóme su vestido,
su talle y disposición;
pues, dando fe a mi ilusión,
descortés los he ofendido.
     Cerrados, hija, los dejo
y es fuerza el volver a abrillos.
Templarélos con pedillos
perdón. ¿Qué quieres? Soy viejo.
     Donde hay canas, hay malicias.

Elisa   ¿Qué dices?

Leonor   ¡Donoso paso!

Alonso   Si con el Conde te caso,
yo te permito, en albricias
     del gusto que he de tener,
que os burléis las dos de mí.
Reposa, no estéis así
que quiere ya amanecer.
     Razón será que repares
enfados de mis extremos,
casaráste y trocaremos

	en regocijos pesares.
	¿No quieres al Conde mucho?
Elisa	Mucho no, pero querréle
	poco a poco.
Leonor	Amor no suele
	entrar de golpe.
Alonso	Ya escucho
	que le dices mil ternezas.
	Advierte que ha de venir
	conmigo a las diez. A abrir
	voy a don Juan. Mis simplezas
	perdona y acuéstate.

(Vase don Alonso y ciérralas.)

Elisa	Leonor, vuelve a darme el manto
	y di a Coral entre tanto
	que eche el puente.
Leonor	¿Para qué?
Elisa	El para qué es de provecho.
	No hallándome con don Juan,
	¿de qué, Leonor, servirán
	los embustes que hemos hecho?
Leonor	¿Pues no es mejor que ahora vaya
	yo en tu nombre, y que encubierta
	le deslumbre?
Elisa	¿Y si te acierta

a conocer? ¡Que esta saya
vino a ser causa y materia
de la tragedia que oíste!

Leonor   Tu saya y tu manto me viste.

(Quitándose Elisa la saya.)

Elisa   Dices bien.

(Poniéndose la saya de su ama.)

Leonor   ¡Cuál va la feria
de enredos!

Elisa   El manto toma.

(Pónese Leonor el manto.)

Leonor   Llamo al patrón de la nao.
(Hacia dentro.) Echa acá la barca, ¡aho!
Ya el alba el copete asoma.

Elisa   No hay amor sin invenciones.

Leonor   Yo lograré nuestro ardid
porque celebre Madrid
manto, jaulilla y balcones.

(Vanse las dos y sale don Juan.)

Juan   Niño Dios, no te va menos
que la honra si no sales
airoso del laberinto

en que ciego te enredaste.
Llamas traes. Serena alegre
las confusas tempestades
de tanto amoroso golfo
porque a la playa nos saque.

(Salen Leonor con manto y Coral.)

Coral

Entra e iré a alzar la puente.
Serás Leandro en el aire
pues nadas olas de vientos
como el otro nadó sales.

(Vase Coral.)

Juan

Pues, mi bien ¿qué ha sucedido?

Elisa

Don Juan, ya ni industrias ni arte
nos pueden ser de provecho.
El conde obligó a mi padre,
los dos siguieron mis pasos,
y en fin habré de casarme.

Juan

¡Oh, la más cruel...!

Leonor

¡Ay, triste!
¿Decir quisiste Anajarte?
Sosiega, ¿no me conoces?

(Descúbrese.)

Juan

¡Mil vidas me restauraste!
Pero, ¿qué embeleco es éste?

Leonor	No hay tiempo para contarte prodigios. Sentémonos de la misma suerte que antes; que volviera el viejo a abrirnos. Sabrás cosas admirables.

(Siéntanse, y salen don Alonso y don Álvaro por la puerta del vestuario y quédase Leonor, tapada, sentada al lado de don Juan.)

Alonso	Don Álvaro, de este modo averiguaré verdades. Id agora a ver si Elisa está en su cuarto. La llave es ésta. Abrid con sosiego que como yo aquí dentro halle la encubierta y vos a mi hija, creeré que pude engañarme.
Juan	¿Ya volveréis satisfecho?
Alonso	Y corrido. Perdonadme, señora, si malicioso di crédito a vuestro traje.
(Aparte.)	(¡Vive Dios, que es imposible no ser ésta Elisa! El talle, la basquiña, ¡vive Dios! Yo vuelvo a desengañarme.)

[Hablan aparte don Álvaro y don Alonso.]

Álvaro	Voy a verlo.
Alonso	Id con secreto.

(Vase don Álvaro.)

Alonso (Aparte.)	(De duda el cielo me saque.
	¡El manto, la saya, cielos!
	Acreditan mis pesares
	pero cerrada quedó.)

Juan	No os suspendáis tanto, paren
	en amistad sentimientos,
	señor don Alonso, y basten
	vuestras mismas experiencias
	a reduciros afable,
	que estimo yo el ser muy vuestro.

Alonso	En pruebas de nuestras paces
	os doy con los parabienes
	los brazos, como se case
	con vos la dama presente,
	y aumentéis felicidades
	de Elisa, del conde esposa,
	y de don Pedro, su amante
	doña Ana, hospedera vuestra.

Juan	Es deidad Amor y sabe,
	manifestando su imperio,
	hacer lo difícil fácil.
	Siglos los cuatro se gocen.

Alonso	Mil, don Juan, el cielo os guarde
	en vida de esa hermosura.
	Adiós, tomad vuestra llave.

(Dásela y vase don Alonso.)

Leonor	Quédese este manto aquí;
(Quítasele.)	que si vuelve a registrarme
	el viejo allá, es peligroso
	porque no hay donde ocultarle.

(Sale Coral.)

Coral	Esto hasta agora va bien.
Leonor	Vamos, Coral.
Coral	Buen viaje.

(Vanse.)

Juan	Ya el alba borda el oriente
	de aljófares y granates.
	¡Ay, si les diese a mis dichas
	el parabién con las aves!
	Parece que siento voces
	en el balcón. ¿Si su padre
	a mi Elisa agravio hiciese?
	Libraréla aunque me maten.

(Vase. Salen don Alonso y el conde Carlos.)

Alonso	Huelgo de haberos hallado,
	tan de mañana [en la calle.
	Vengo de ver a doña Ana
	que hoy con don Pedro se case.]

Carlos	Duermen tan poco los celos
	que han hecho que me levante
	antes que el alba, temiendo

	perder mis dichas por tarde.
Alonso	Finezas con como vuestras.
	Ya, conde, de vuestra parte
	tenéis el amor de Elisa.

(Salen doña Elisa y Leonor, al paño, don Álvaro y después don Juan.)

Leonor	Verédeslo, dijo Agrajes.
Alonso	Don Álvaro, ¿estaba aquí?
Álvaro	Con sentimiento bastante
	de que de ella desconfíes.
Alonso	Alto. Debí de engañarme.
Juan	Don Alonso, si es prudencia
	que primero que me case
	esperanzas asegure
	y venza dificultades;
	ya que he sido tan dichoso
	que hallé al conde sin buscarle
	con vos agora, quisiera
	quitar estorbos delante.
	Porque anoche le alabé,
	poco cuerdo en esta parte,
	las prendas de vuestra Elisa,
	atropellando amistades
	me la usurpa y se desposa.
	Recelo, pues, que si sabe
	que en otra dama me empleo,
	con Elisa sea mudable,
	y también me la pretenda.

Vengo, pues, a asegurarme
de él y de vos.

Alonso   ¿Pues de mí
                        qué hay que temáis?

Juan   Escuchadme.
                        Si la prenda a quien adoro,
                        teniéndoos a vos por padre,
                        por su esposo me eligiese,
                        ¿permitiréiselo afable?

Alonso   ¿Por padre a mí?

Juan   Así lo afirma.

Alonso   ¿Pues no es esa...?

Juan   Es la que hallasteis
                        conmigo, poco ha, encubierta.

Alonso   ¿Hay suceso semejante?
                        ¿Y esa dama es deuda mía?

Juan   Su nobleza es vuestra sangre.

Alonso   Será doña Ana.

Juan   Ella u otra.
                        Vuestro gusto se declare.

Alonso   Digo, si es la que con vos
                        dio motivo a los pesares
                        que ya en gozos se convierten,

que siglos el cielo os guarde
a los dos, con sucesores
que vuestros gustos dilaten.

Juan   Bésoos la mano mil veces.
Vos, conde, habéis de jurarme
de pasar también por esto.

Carlos   Gustoso, como no pase
adelante nuestro enojo.

Juan   Juradlo pues.

Carlos   Don Juan, baste
la palabra que os empeño.

Juan   Pues, adiós.

Alonso   Sepamos antes
quién es la dama en enigma.

Juan   Por agora es importante
encubríroslo. Señores,
cuento con lo que jurasteis,
y luego al punto...

Leonor (Aparte.)   (Ya entiendo.)

(Retíranse Elisa y Leonor.)

Juan   ...veréis que traigo a mi amante.

(Vase y sale don Pedro.)

Pedro	Ya llegó la sutileza a los últimos remates de su ingenioso artificio.
Alonso	¿Qué es esto, don Pedro?
Pedro	Lances del amor y del ingenio que parecen disparates, y son en vuestro desdoro bien lastimosas verdades.
Alonso	¿Qué dices?
Pedro	Que hay ya balcones que para comunicarse sin que teman precipicios labran puentes por los aires. Venid, certificaréisos de la invención más notable que pudo fraguar la industria.
Carlos	Declaraos.
Pedro	El declararme ha de ser por vista de ojos. Venid, veréis el pasaje que por los golfos del viento hallan nuevos navegantes.
Alonso	¿Qué es esto, confusa noche?

(Vanse. Salen don Juan, Coral, Elisa y Leonor, y van pasando [de una casa a otra].)

Juan	Resoluciones amantes
	son dichosas las más veces.
	No temáis, mi bien.

Elisa	Ya es tarde
	para temor y escarmientos.

(Dentro en los balcones.)

Coral	Señores, no tiemble nadie,
	no seamos volatines
	que, dando a entender que caen,
	suelen burlando en el suelo
	como huevos estrellarse.

Leonor	Tenme, Coral.

(Va pasando Leonor.)

Coral	Arlequín,
	tente tú; que a esotra parte
	suena el viejo.

Leonor	¡Ay, desdichada!

(Llegan al balcón el conde [Carlos], don Alonso, y don [Álvaro] y bajan los de arriba.)

Alonso	Ya no es posible escaparse.

(Salen al tablado don Juan, Elisa, Leonor y Coral.)

Elisa	¡Ay, don Juan! ¡En el balcón

don Pedro, el conde y mi padre!
¡Volvámonos!

Alonso   ¡No es posible!

Juan   Yo he de morir o librarte.

(Al querer entrar don Juan, Coral y los demás, sale doña Ana por la misma
puerta acompañada por don Pedro.)

Ana   ¿Dama en mi casa y oculta?
                                Don Pedro, de agravios tales
                                venganza os piden mis penas.

Pedro   Grande es mi amor, si ellas grandes.

Ana   ¿Así se premian socorros,
                                don Juan? ¿Así es bien se paguen
                                favores de vuestros riesgos?

Pedro   Por ingrato y por mudable
                                moriréis como Perilo
                                en la invención que trazasteis.
                                Solo hay paso por aquí.

(Saca la espada.)

Carlos   Y por aquí solo se abre
                                salida a un alma rebelde,
                                franqueándola mi ultraje.

(Sacan las espadas el conde Carlos y don Alonso.)

Coral   Pasadizo ratonera

es el nuestro. No se llama
sino el puente de Mantible,
pues que le guardan jayanes.

Juan

Ésta es la dama encubierta
que a solas conmigo hallasteis,
y después me permitisteis
pues que os llame su padre,
que mi esposa la eligiese.
Lo mismo, conde, jurasteis.
Cumplid como caballeros.

Elisa

No violentéis voluntades.
Triunfad de vos mismo, conde;
sed cortés si sois amante.

Carlos

Razones tan elocuentes,
dignas son de venerarse.
Amparo de vuestro amor
seré de aquí en adelante
domo de don Juan amigo.
Y si estima vuestro padre
serlo mío, como creo,
logrará felicidades
que tal yerno le asegura,
porque yo, si hasta aquí fácil
en no reprimir pasiones,
seré enemigo constante
de quien a don Juan no estime.

Alonso

¿Hay bellaquería más grande?

Elisa

¡Padre mío!

Leonor	¡Viejo mío!
Alonso	Vos lo mandáis, Dios lo hace. Trázalo Amor contra tantos. Un viejo solo, ¿qué vale?
Don Juan	Dejad que los pies os bese.
Carlos	Anudemos voluntades que rompieron competencias, porque eternicemos paces, dando doña Ana a don Pedro la mano.
Ana	Sabré estimarle porque viene de la vuestra.
Coral	Pues que se queda incasable, vuestra virgen señoría, metámonos los dos frailes.
Leonor	Eso no, que soy tu esposa.
Coral	¿Que aún no he podido escaparme?
Carlos	Fenecieron con la noche confusiones y pesares, y con el Sol amanece la paz que a alegrarnos sale.
Juan	Éstos los ardides son con que Amor prodigios hace.
Leonor	Y estos mis embustes son.

No fíe en mujeres nadie.

Coral   Los balcones de Madrid
aquí da fin, perdonadme
que si no os digo el poeta,
me han mandado que lo calle.

Fin de la comedia

Libros a la carta

A la carta es un servicio especializado para

empresas,

librerías,

bibliotecas,

editoriales

y centros de enseñanza;

y permite confeccionar libros que, por su formato y concepción, sirven a los propósitos más específicos de estas instituciones.

Las empresas nos encargan ediciones personalizadas para marketing editorial o para regalos institucionales. Y los interesados solicitan, a título personal, ediciones antiguas, o no disponibles en el mercado; y las acompañan con notas y comentarios críticos.

Las ediciones tienen como apoyo un libro de estilo con todo tipo de referencias sobre los criterios de tratamiento tipográfico aplicados a nuestros libros que puede ser consultado en Linkgua-ediciones.com.

Linkgua edita por encargo diferentes versiones de una misma obra con distintos tratamientos ortotipográficos (actualizaciones de carácter divulgativo de un clásico, o versiones estrictamente fieles a la edición original de referencia).

Este servicio de ediciones a la carta le permitirá, si usted se dedica a la enseñanza, tener una forma de hacer pública su interpretación de un texto y, sobre una versión digitalizada «base», usted podrá introducir interpretaciones del texto fuente. Es un tópico que los profesores denuncien en clase los desmanes de una edición, o vayan comentando errores de interpretación de un texto y esta es una solución útil a esa necesidad del mundo académico.

Asimismo publicamos de manera sistemática, en un mismo catálogo, tesis doctorales y actas de congresos académicos, que son distribuidas a través de nuestra Web.

El servicio de «libros a la carta» funciona de dos formas.

1. Tenemos un fondo de libros digitalizados que usted puede personalizar en tiradas de al menos cinco ejemplares. Estas personalizaciones pueden ser de todo tipo: añadir notas de clase para uso de un grupo de estudiantes, introducir logos corporativos para uso con fines de marketing empresarial, etc. etc.

2. Buscamos libros descatalogados de otras editoriales y los reeditamos en tiradas cortas a petición de un cliente.